POLITIQUE EXTÉRIEURE.

QUESTION DE LA PLATA

(1837-1845).

Extrait de *la Revue Nouvelle*.

Livraison du 15 décembre 1845.

PARIS.

IMPRIMÉ PAR PLON FRÈRES,

36, RUE DE VAUGIRARD.

1846

POLITIQUE EXTÉRIEURE.

QUESTION DE LA PLATA.

Nous allons présenter l'historique d'une affaire très-sérieuse qui, depuis huit ans, occupe une place importante dans la politique extérieure de la France, et retient une partie des forces actives de notre marine sur les deux rives de la Plata. Née sous le cabinet du 15 avril, elle a déjà traversé quatre administrations successives; plusieurs fois on a pu croire qu'elle était sur le point de finir, et toujours d'inévitables obstacles, des vicissitudes imprévues en ont reculé le terme. Au moment où nous écrivons, cette affaire a encore changé de face, et telle est la confusion de toute chose sur le terrain mouvant où une fatalité déplorable a mis un de nos intérêts nationaux en contact avec ceux de deux républiques américaines, que l'on risquerait également de se tromper si l'on voulait voir dans cette complication nouvelle, soit un ajournement indéfini de nos justes espérances, soit la crise suprême qui doit les réaliser enfin.

Nous ferons cette étude de sang-froid, dans le dessein unique de rassembler les faits qui doivent guider et rectifier au besoin l'opinion du pays. La vérité sur l'affaire de la Plata, voilà ce que nous tenons tous à connaître : c'est bien assez des difficultés inhérentes à la question même ; il ne faut plus que l'échange actif d'erreurs et de mensonges, qui s'est fait entre les oppositions d'Europe et les mécontents d'Amérique, contribue à les augmenter encore.

Chaque fois que nous avons à examiner une affaire de cette importance, nous suivons un procédé que nous voudrions bien qu'on imitât. De l'ensemble des faits dont elle se compose, nous faisons deux parts : d'un côté, les faits qui émanent de la volonté libre du gouvernement et du système adopté par lui ; de l'autre, les faits dont les causes sont en dehors de lui et qu'il est forcé d'accepter. Sans cette distinction, il n'y a pas de discussion loyale. Il serait surtout d'une injustice souveraine, — et cependant cette injustice a été commise, — de ne pas l'établir dans l'affaire dont nous allons parler. La distance énorme qui sépare le gouvernement de ses agents, la situation étrange des états avec lesquels il doit traiter, le caractère des révolutions qui agitent ces peuples, la violence de leurs passions, leurs préjugés, leur ignorance, tout concourt à affaiblir son influence directe sur les événements de la Plata. La politique ne marche pas dans le vide ; il faut lui tenir compte de l'élément qui la porte. Cet élément, dans l'Amérique du Sud, il faut bien le dire, c'est l'imprévu et le hasard.

Dans l'ordre des faits indépendants du système de l'administration actuelle, il en est qui se sont imposés également aux cabinets précédents, d'autres qui sont la conséquence d'une politique antérieure à la sienne. Un coup d'œil rapide jeté sur l'origine de la querelle qui a fixé notre pavillon sur les eaux de la Plata fera connaître les premiers ; l'examen des seconds nous conduira jusqu'au moment où le cabinet, en arrivant aux affaires, a repris la question engagée.

I.

Les états qui se sont élevés sur les deux rives de la Plata ont déjà passé par des changements de formes si rapides que nous consentirions avec peine à suivre leur mobile histoire, si cette fastidieuse tâche était indispensable à notre sujet. Heureusement quelques traits généraux suffiront pour les caractériser. Tous ces peuples de race espagnole, dispersés sur l'immense continent de l'Amérique du Sud, ont su conquérir l'indépendance, mais non la liberté. Comme la nation européenne dont ils sont issus, un penchant invincible les pousse à la fois au despotisme et au fractionnement, double principe d'anarchie : toutes leurs constitutions périssent dans un 18 brumaire, tous leurs états se brisent et s'éparpillent en provinces souveraines à leur tour. Leur régime normal, c'est le régime révolutionnaire ; l'insurrection y est permanente comme la dictature. Les masses n'ont à opter qu'entre le despotisme des factions et le despotisme d'un seul, et c'est celui-ci qui l'emporte presque toujours, parce qu'il donne au moins à ces républiques troublées les dehors d'un gouvernement durable. L'Amérique espagnole a donc ses Sylla au pouvoir, ses Marius en exil, qui s'habituent à proscrire et à verser le sang comme aux plus mauvais jours de Rome. Chez ces chefs cruels presque retombés dans la barbarie, mais qui ne manquent pas d'une sorte de grandeur ni de certaines vertus, il n'y a ni monstres complets ni parfaits héros, comme nous le croyons en Europe. Il y a des hommes qui détestent l'étranger et l'oppriment le plus qu'ils peuvent ; il y en a d'autres qui se servent de lui pour vaincre leurs ennemis, et qui ne l'en haïssent pas moins ; mais aucun d'eux n'est exempt de crimes. Si ce tableau de la situation des colonies détachées de l'Espagne est fidèle, c'est surtout en ce qui concerne la confédération Argentine et la république orientale de l'Uruguay.

Placés à l'embouchure du fleuve qui commande les eaux intérieures de cette partie de l'Amérique, ces deux états sont nécessairement rivaux ; chacun aspire à s'emparer du monopole de ce fleuve et à en ravir la jouissance à son antagoniste. L'Europe n'a point à décider cette querelle, à faire un choix entre Buenos-Ayres et Montevideo ; les deux ports ont des avantages propres de situation qui attireront toujours également le commerce maritime. Son seul souci doit être de maintenir la navigation libre dans la Plata et dans ses profonds affluents. La rivalité des deux républiques est aggravée encore par la différence essentielle de leur forme politique : l'une, la république orientale, est une et indivisible ; l'autre est fédérale, quoiqu'en fait Buenos-Ayres soit l'état souverain. Acharnées à se nuire, elles interviennent réciproquement dans leurs querelles intérieures : Montevideo pousse le parti européen ou des villes au renversement du parti indigène ou des campagnes qui a élevé Rosas, et entretient la jalousie des autres états argentins contre Buenos-Ayres. Buenos-Ayres se venge de Montevideo en prenant part aux luttes de ses candidats pour la présidence. Dans les deux états, quand une faction est vaincue, elle passe le fleuve et va conspirer sur l'autre rive.

C'est ainsi qu'ils ont vécu jusqu'en 1837, époque où nous avons paru sur le théâtre de leurs divisions. Rosas, élu pour la seconde fois gouverneur de Buenos-Ayres, dominait déjà de fait la confédération Argentine. A Montevideo, Oribe, son allié, élevé légalement en 1835 à la présidence, avait mis fin au pouvoir non moins légal que Rivera exerçait depuis 1829. Les deux états, grâce à cette alliance de leurs chefs, jouissaient d'un instant de répit, quand un acte cruel du gouvernement de Rosas, commis sur de paisibles négociants français établis à Buenos-Ayres, MM. Bacle, Lavie et Despouy, vint faire à notre gouvernement un devoir d'exiger une réparation éclatante. Un blocus rigoureux fut établi par M. le contre-amiral Leblanc ; la question, en tant qu'elle engageait l'honneur et l'intérêt national, se réduisait à ces trois points : obtenir une indemnité pour la veuve du malheureux Bacle, qui avait succombé aux violences exercées sur sa personne, ainsi que l'élargissement des deux autres négociants, avec compensations convenables pour les pertes éprouvées par eux ; ensuite la destitution des agents qui s'étaient rendus coupables de ces iniquités ; enfin, la promesse formelle que les personnes et les biens des Français établis à Buenos-Ayres seraient désormais respectés. Rosas nous refusant satisfaction, quels moyens fallait-il employer pour le soumettre? tous les moyens directs dont dispose une puissance navale telle que la France, et dont l'emploi intelligent à la Vera-Cruz et à Saint-Jean-d'Ulloa a réduit la république mexicaine à accepter nos conditions si long-temps refusées.

Malheureusement nos agents, voyant le blocus se prolonger et perdant bientôt l'espoir de vaincre par une démonstration passive la persévérance de Rosas, eurent recours à l'emploi des moyens indirects et entraînèrent le gouvernement dans une carrière d'erreurs et de fautes dont les suites se font sentir encore. Ils imaginèrent d'agir par Montevideo sur Buenos-Ayres, se croyant sûrs de terminer d'un seul coup nos difficultés dès que nous aurions suscité à Rosas des embarras plus puissants : inspiration déplorable, qui au contraire a éternisé les nôtres. M. Thiers a voulu, dans la discussion de l'année dernière, donner à cette faute l'excuse de la nécessité. Notre escadre avait besoin d'un point de ravitaillement; sans la bonne volonté de Montevideo, elle ne pouvait s'approvisionner; c'est-à-dire que, pour lui procurer de l'eau douce et des légumes frais, il fallut révolutionner un état! Une révolution eut lieu en effet à Montevideo; nos agents, qui avaient des vues plus élevées sans doute, accueillirent les avances des partisans de Rivera, et les acceptèrent pour alliés de la France. Oribe, qui était celui de Rosas, dut abdiquer le 2 octobre 1838, et céder la place à son heureux compétiteur, qui devint pour nous le président légitime de la république Orientale. En même temps, l'antagoniste de Rosas, Lavalle, releva la tête et put songer à sa propre restauration. Ainsi nous nous trouvâmes engagés tout à coup dans des querelles qui n'étaient pas les nôtres, et les intérêts de la politique française dans la Plata, franchissant les bornes naturelles de la question en litige, prirent des proportions aussi vastes que les solitudes de ce pays, où les petites armées qui les parcourent, pour répéter ici un mot bien vrai de M. Thiers, ont tant de peine à se joindre.

La faute était commise, et l'avenir seul devait prouver clairement que c'était une faute. Nous ne blâmons pas le ministère du
15 avril d'être entré dans cette voie ni celui du 12 mai de l'y
avoir suivi ; tous deux ont eu des doutes au sujet de l'utilité d'une
diversion entreprise sur une aussi vaste échelle, et tous deux les
ont exprimés ; mais ils ont dû s'en rapporter à leurs agents, qui
affirmaient de bonne foi, parce que l'expérience ne les avait pas
encore détrompés, que c'était là le seul moyen d'agir sur Rosas ;
que, d'ailleurs, en travaillant à détruire son pouvoir, la France
rendrait un service à l'humanité. Cependant, même dans l'ignorance où l'on était alors chez nous des faits qui auraient permis
de prévoir les suites d'une politique aussi hasardée, peut-être au-
rait-on pu juger dès lors que notre intervention dans les troubles
des deux républiques rivales ne serait qu'onéreuse et compromet-
tante. C'était le procédé ordinaire des proconsuls romains, quand
ils voulaient s'emparer d'un royaume à la convenance de la république, d'y entretenir le feu de la discorde et de mettre les factions aux prises. Tous les peuples qui ont fondé de vastes colonies
ont imité l'exemple de Rome. C'est par des moyens semblables
que Cortez a pu s'emparer du Mexique ; ce sont les puissantes in-
trigues de Dupleix dans l'Inde qui ont montré aux Anglais le
chemin de tous les royaumes vassaux du Grand-Mogol. Mais cette
tactique, dont un conquérant seul a le temps de recueillir les
fruits et d'arrêter les effets, convenait-il de la faire servir à
la solution d'une difficulté temporaire ? Il faut que la grandeur
des moyens ne dépasse pas celle de l'entreprise. Que dirait-on
d'un chasseur qui mettrait le feu à une forêt pour forcer un san-
glier à quitter sa retraite ? Ainsi, pour amener Rosas à composi-
tion, pour délivrer la confédération Argentine d'un chef auquel
elle s'obstine à obéir, nous avons ranimé des luttes qui ont affermi
son pouvoir, bien loin d'y mettre un terme. Avec l'argent que
cette manœuvre compliquée nous coûte, nous aurions équipé une
flotte, transporté un corps de débarquement, fait tomber directement sur Rosas le poids de notre puissance, et tout serait terminé depuis long-temps ; au lieu que notre intervention dans les

affaires intérieures de la Plata, quoique nous y ayons renoncé depuis cinq ans, a eu des conséquences qui se développent encore, et, comme on le verra dans le cours de ce récit, se sont toujours tournées contre nous.

Le premier acte de Rivera, en reprenant la présidence de la république Orientale, fut de déclarer la guerre à Rosas (1839). Lavalle se joignit à lui, et, d'accord avec quelques chefs mécontents, opéra des soulèvements dans les provinces de la république Argentine. L'escadre française, de son côté, compromise plutôt qu'aidée par la coopération de deux ou trois petits bâtiments montévidéens, s'empara de l'île Martin-Garcia, qui est une des positions importantes du fleuve, et resserra le blocus. Rosas ne se montra pas plus disposé à traiter qu'auparavant : il marcha à la rencontre de Lavalle, le mit en déroute et pacifia les provinces insurgées. Les chefs de la faction vaincue se réfugièrent à Montevideo et allèrent y former ce que l'on appela dès lors l'émigration argentine. Les généraux La Madrid et Lopez y retrouvèrent le général Paz, engagé au service de la république Orientale par haine contre Rosas. Nous ne voulons pas faire l'éloge du dictateur de la Plata ; nous l'avons dit déjà, nous ne pouvons juger un tel homme d'après nos idées européennes : seulement, rendons-lui en passant la justice qu'il mérite. La Madrid et Lopez étaient ses ennemis : il se contenta de leur exil. Il fit plus, il se chargea de l'éducation du fils de La Madrid ; et, à ce propos, nous rapporterons une circonstance qui n'est pas assez connue : c'est que, même au fort de la guerre que lui a faite Lavalle, le père et le frère de celui-ci ont conservé l'emploi qu'ils occupaient dans les douanes. Pour un tyran tel qu'on nous le représente, voilà de singuliers traits de douceur. Ces événements remplirent l'année 1839. Au commencement de 1840, M. Buchet-Martigny, consul général de France à Buenos-Ayres, et M. Baradère, notre consul à Montevideo, poursuivaient avec ardeur l'abaissement de Rosas ; M. le contre-amiral Dupotet, qui avait remplacé M. le contre-amiral Leblanc, était en désaccord avec le premier sur la convenance de cette politique d'intervention. Sur le théâtre de la guerre, Lavalle occupait la

rive gauche du Parana, et s'apprêtait à attaquer Échague, lieutenant de Rosas. Le dictateur se tenait dans son camp de Santos-
Lugares, à trois lieues de la capitale, afin de la couvrir. Enfin
Rivera avait reçu de la France 500,000 francs pour se mettre en
campagne, avec promesse d'un autre demi-million dès qu'il aurait
passé l'Uruguay.

II.

C'est le ministère du 1ᵉʳ mars qui a mis fin à la politique d'intervention dans la Plata. Le cabinet auquel il succédait avait bien
senti la nécessité de terminer le différend de la France avec Rosas ;
mais, comme il comptait toujours sur les opérations militaires des
alliés pour le contraindre à la paix, et que ces opérations n'é-
taient pas heureuses, la durée du blocus était, en définitive, la
seule menace dont il pût appuyer ses propositions. L'Angleterre
cependant, par l'organe de M. Mandeville, usait de son influence
sur la république Argentine pour mettre fin à un état de choses dont
son commerce souffrait. Le consul général de Sardaigne offrait ses
services dans le même but ; et, le jour même où M. Thiers arriva
aux affaires, des propositions du gouvernement argentin parvinrent à M. Buchet-Martigny, qui, le 26 mars, y répondit par des
contre-propositions. Malheureusement, comme nous avions attisé
la guerre entre les deux républiques, nos négociations recevaient
le contre-coup de tous les événements de la guerre, et tout annon-
çait qu'elle traînerait en longueur.

A peine le ministère du 1ᵉʳ mars fut installé, que M. Thiers
s'occupa de l'affaire de la Plata. Il sentait qu'il fallait trouver
des moyens plus énergiques et plus directs que ceux qu'on avait
employés jusqu'alors. En examinant la question de plus près, il
comprit tout de suite qu'il était temps de séparer l'intérêt purement
français des intérêts locaux, avec lesquels nos agents n'avaient
que trop réussi à le confondre. Cette difficulté de la Plata est une
de celles qu'il a eu le plus à cœur de résoudre ; car il a révélé
à la tribune un fait qui serait resté ignoré : c'est qu'il avait fait

du plan qu'il proposait une question de portefeuille. Toute sa
pensée d'homme d'État, dans cette question particulière, est donc
exprimée par ce plan; ses idées ont pu se modifier depuis, mais
voici ce qu'il voulait bien clairement alors : envoyer à la Plata
un renfort qui élevât à une quarantaine de bâtiments à voiles,
plus deux bâtiments à vapeur, avec des équipages composés de
cinq mille six cents hommes en tout, l'escadre que nous y avions
déjà; confier le commandement de cette force à un vice-amiral
qui fût chargé d'une mission de diplomatie et de guerre à la fois,
et qui eût, par conséquent, sous ses ordres le contre-amiral Dupotet
et le consul général Buchet-Martigny; donner à ce vice-amiral l'ordre
de ne combiner ses mouvements avec nos auxiliaires que dans le seul
cas où ils seraient sur le point d'opérer un changement de gouvernement à Buenos-Ayres; pour tous les autres cas, d'agir seul, de traiter
directement avec Rosas, ou, sur son refus, d'ouvrir les hostilités
contre lui, avec défense de les pousser jusqu'à un débarquement.
Telle est la teneur des instructions du président du conseil à M. le
vice-amiral de Mackau, instructions que les débats de la Chambre
des députés ont fait connaître. Elles sont précises et positives, et
fixent clairement le point de départ d'une politique nouvelle; elles
rejettent entièrement sur nos auxiliaires les conséquences de la
guerre civile par eux provoquée; la France sépare sa cause de la
leur; elle ne leur doit rien que de bons offices et des secours
pour les préserver des malheurs auxquels ils se sont volontairement exposés. Le cabinet reconnaît les inconvénients de la conduite suivie jusqu'à ce jour, qui consiste à s'aider des rivalités locales; il y renonce pour l'avenir; mais la rupture de nos rapports
avec les dissidents ne doit pas être brusquée, afin que la France
ne perde pas tout d'un coup le fruit de ses coûteux sacrifices.
M. Thiers ne compte avec raison que sur l'efficacité des moyens
coercitifs mis à la disposition de l'amiral. Si ces moyens ne suf-
fisent pas et que la France soit délivrée bientôt des difficultés sou-
levées par la question d'Orient, l'amiral recevra des renforts.

Quant aux bases de la convention à conclure, elles sont tracées
avec une prudence qui indique le désir sincère de les faire accepter

par Rosas. Elles portent sur deux points seulement. Le négocia-
teur demandera le traitement de la nation la plus favorisée pour
les Français habitant la république Argentine, sous le rapport seul
des personnes et des propriétés ; il évitera soigneusement la for-
mule qui consisterait à faire partager à nos nationaux le traitement que les Argentins reçoivent en France, de peur que, plus
tard, se prévalant d'une disposition de notre loi sur la garde nationale, Rosas n'incorpore les Français dans la milice et ne les
expose à prendre parti dans les querelles intérieures de la république. Cette précaution est très-remarquable. Le second point de
la négociation est relatif aux indemnités dues aux résidents français par suite des violences qui ont amené le conflit. Le vice-
amiral se bornera à poser le principe, sans insister sur le chiffre ;
clause très-modérée, si on la compare à l'*ultimatum* présenté par
M. Roger, notre vice-consul, le 23 septembre 1838, qui récla-
mait catégoriquement 20,000 piastres pour la veuve du malheureux Bacle, 10,000 piastres pour M. Lavie, plus la reconnaissance
formelle de la créance de M. Despouy et la destitution du colonel
don Antonio Ramirez.

M. le vice-amiral de Mackau arriva dans la Plata le 23 septembre 1840. Les affaires de nos auxiliaires, on ne les appelait
déjà plus nos alliés, n'avaient fait qu'empirer. Lavalle, qui avait
eu, le 11 avril, un premier engagement à Cristoval, près de
Santa-Fé, avec les troupes d'Échague, avait été mis en déroute
par ce lieutenant de Rosas dans la bataille dite de Sauce-Grande,
livrée sur ce point de l'Entre-Rios. Nos bâtiments avaient dû
transporter les vaincus sur une petite île vis-à-vis de Punta-
Garda, et de là les avaient débarqués sur la rive droite du Parana,
à quarante-cinq lieues au nord de Buenos-Ayres. Lavalle, qui
n'était plus qu'à la tête de trois mille trois cents hommes, au lieu
de chercher à reprendre l'offensive et de tenter un dernier effort
sur le camp de Santos-Lugares, avait rétrogradé vers Santa-Fé.
Le président Rivera n'avait pas encore passé l'Uruguay ; il pré-
tendait attendre les troupes françaises de débarquement que lui
amenait, disait-il, l'amiral Baudin. Ces événements ne permet-

taient plus de compter sur une coopération utile de la part de nos auxiliaires. En vain M. Buchet-Martigny cherchait à expliquer favorablement leurs hésitations et leurs mouvements de retraite ; en vain il attribuait à l'inaction de M. le contre-amiral Dupotet l'avortement de toutes leurs combinaisons militaires. M. de Mackau constata l'éventualité prévue par ses instructions, et résolut de traiter.

Les contre-propositions présentées le 26 mars par M. Buchet-Martigny avaient été repoussées le 19 juin par la Chambre des représentants. On devait craindre que le plénipotentiaire français ne fût contraint, après quelques ouvertures infructueuses, de recourir à l'emploi de la force. Heureusement il n'en fut pas ainsi. Ouverte le 14 octobre à bord de la corvette *l'Alcmène* entre l'amiral et M. Arana, la négociation se termina par la signature de la convention du 29 octobre. Elle avait failli être rompue trois jours auparavant par suite du supplice indigne d'un malheureux nommé Juan-Pedro Varangot ; mais il fut reconnu qu'il n'avait point droit à la qualité de Français invoquée par sa veuve. Cette conclusion de notre différend avec Rosas produisit un effet prodigieux à Montevideo. Déjà M. de Mackau, à son passage dans cette ville, avait déclaré au gouvernement de la république Orientale que la France entendait régler seule ses intérêts, et refusait désormais de les confondre avec ceux de ses auxiliaires dans sa querelle avec Rosas. Montevideo avait essayé en vain de se faire comprendre comme partie au traité. L'irritation était au comble parmi les membres de la république et parmi la population française, qui avait déjà épousé toutes les passions du pays où elle était venue s'établir.

Ce n'est pas sans y avoir réfléchi mûrement que M. de Mackau s'était arrêté à cette détermination, que ses instructions l'autorisaient à prendre. Si l'on voulait traiter avec Rosas, si l'on voulait rendre son indépendance à l'intérêt français, trop long-temps compromis par des exigences étrangères, il fallait en finir une bonne fois et couper court à d'interminables prétentions. Certes, la France avait payé assez cher les secours douteux qu'elle avait

reçus de ses prétendus alliés : les crédits supplémentaires en ont
dit le prix. Elle avait rempli ses engagements ; Rivera et Lavalle
n'avaient pu exécuter aucune de leurs promesses. Notre dette de
reconnaissance était donc loyalement acquittée. Il ne restait plus
qu'à liquider le compte de cette malencontreuse alliance; or,
M. de Mackau, sous ce rapport, interpréta le sens de ses instructions comme il convenait à un militaire de son rang, qui représentait la générosité de la France Par l'article 3 de la convention,
il obtint que les Argentins proscrits depuis le 1er décembre 1828
seraient rappelés s'ils consentaient à se soumettre au gouvernement
établi ; que ceux qui avaient pris les armes recevraient leur pardon,
s'ils les déposaient dans les huit jours qui suivraient la notification
de cette amnistie, dont les chefs seuls étaient exceptés. L'article 4
rappela à la république Argentine qu'elle avait reconnu et qu'elle
reconnaissait l'indépendance absolue de la république Orientale
telle que l'avait stipulée la convention préliminaire de paix avec
le Brésil, en date du 27 août 1828.

Le général Lavalle et ses principaux adhérents restaient en
dehors des termes de l'article 4. Il eût été cruel de les laisser à la
merci du vainqueur, s'il arrivait qu'une nouvelle rencontre avec
Échague détruisît les dernières espérances de notre ancien allié.
Le premier soin de M. de Mackau fut, aussitôt la convention
conclue, d'envoyer M. le lieutenant de vaisseau Halley auprès
du général Lavalle, dont cet officier était connu personnelle-
ment, pour l'informer de ce qui venait de se passer, et lui offrir, pour lui et pour ses amis, des secours immédiats en argent
ainsi que les moyens de s'éloigner d'une lutte qui ne pouvait
que finir par leur être funeste. Lavalle fut très-sensible à cette
marque d'intérêt transmise au nom de la France; mais il pré-
féra tenter jusqu'au bout les hasards de la guerre et des révolutions. Aucune retraite brillante ne valait, aux yeux du rival de
Rosas, les perspectives trompeuses qui flattaient son âme ambi-
tieuse et vindicative. M. Halley revint sans avoir réussi à le con-
vaincre du danger de ses illusions. Deux ans plus tard Lavalle
n'avait plus d'armée. Combien de fois, en fuyant vers la Bolivie

où il trouva une fin misérable, il a dû se souvenir des conseils prophétiques de M. de Mackau et se repentir amèrement de ne les avoir pas écoutés [1] !

La convention du 29 octobre venait d'inaugurer, nous l'avons dit, une politique nouvelle, et cette politique commençait avec le ministère qui, le jour même de la signature du traité, succédait au cabinet du 1er mars. Les intérêts français dans la Plata étaient délivrés enfin des entraves qui enchaînaient leur indépendance. Nous étions réconciliés avec la république Argentine, et notre commerce renouait ses relations trop long-temps interrompues avec Buenos-Ayres. Malheureusement la faute que les premiers agents de la France avaient faite de s'aider des rivalités locales, faute fatale qui nous avait tant coûté et rapporté si peu, avait eu des effets que notre gouvernement n'était plus maître d'arrêter et qui devait l'envelopper de nouveau, quoique placé sur un meilleur terrain, dans les difficultés dont il venait de sortir.

Nous ne comptons pas au nombre des embarras qui résultèrent de la convention du 29 octobre 1840 les conséquences mêmes de l'exécution immédiate du traité, telles que les plaintes amères et les récriminations emportées du gouvernement de Montevideo; il fallait s'y attendre. M. le vice-amiral de Mackau avait fait évacuer le 8 novembre l'île Martin-Garcia, occupée par une faible troupe de la Banda-Orientale et par un détachement de marins français. Montevideo, qui n'avait pas eu le temps de s'opposer à l'évacuation, comme s'il était en son pouvoir de le faire, jeta les hauts cris et fit parvenir ses plaintes en Europe. L'envoyé de la république à Paris, don José Ellanril, remit le 10 mai 1841, au nouveau ministre des affaires étrangères, M. Guizot, la protestation du ministre des relations extérieures de la république Orientale, en date du 24 décembre de l'année précédente. La conduite des deux amiraux français y était l'objet de la plus vive critique. Au point de vue où il se plaçait, le gouvernement de

Le général Lavalle avait assassiné, en 1828, Donego, gouverneur de Buenos-Ayres. Comme il était notre auxiliaire, la presse française ne lui a jamais reproché ce meurtre.

Montevideo ne pouvait comprendre que la France ne subordonnât point son intérêt à celui de ses auxiliaires. A l'en croire, la convention était nulle de tout point : la France aurait dû consulter Montevideo ; Rosas n'avait point qualité pour traiter, attendu que ses pouvoirs expirés de dictateur n'avaient pas été renouvelés, — subtilité constitutionnelle dont on s'est prévalu à la tribune française, et qui n'est que puérile. Le gouvernement de Buenos-Ayres, eût-il été légal, continuait la protestation, ne pouvait stipuler au nom de la confédération Argentine ; il usurpait une qualité qu'il n'avait pas quand il se déclarait chargé de ses affaires extérieures, — considération également sans valeur pour la France, qui, dès qu'elle avait résolu de se retirer du labyrinthe de discordes intestines où elle s'était si imprudemment avancée, n'avait plus à discuter une question dont les Argentins seuls étaient juges, et devait accepter pour légitime le gouvernement de fait qui lui offrait de traiter. En faisant ressortir la faiblesse de ses objections, nous avons un but, c'est de montrer combien les plaintes de cette nature, que la presse d'Europe s'empressait d'accueillir, dont l'opposition faisait autant de crimes au ministère, tiennent mal devant la connaissance exacte et la discussion approfondie des faits. Ainsi, de toutes les autres réclamations de la république Orientale sur l'envoi d'une flotte marchande à la province de Corrientes, qui n'avait pu revenir ; sur le passage du Parana par les renforts envoyés à Échague ; sur les droits de Montevideo à la possession de l'île Martin-Garcia ; sur la remise aux Argentins de deux petits bâtiments montévidéens qui s'y trouvaient lors de l'évacuation : tous ces faits s'expliquent par le parti que venait de prendre la France. Elle voulait conclure une convention avec Rosas, elle devait en rendre les termes acceptables. Si M. de Mackau s'était laissé arrêter par chacune des considérations secondaires, il n'aurait rien terminé. Du reste, tout le bruit que faisait le gouvernement montévidéen devait tomber bientôt ; au fond, il ne pouvait pas se dissimuler qu'il n'avait point rempli ses promesses, que le président Rivera, n'ayant point passé l'Uruguay, avait fait manquer le plan de campagne convenu, et deux ans après, la république Orientale invoquait pour sa défense les termes mêmes du traité qu'elle avait déclaré non avenu pour elle.

Les difficultés véritables sortirent de la guerre même que nous avions sinon provoquée, du moins entrenue entre les deux républiques, et à laquelle notre convention ne mettait pas un terme. Réconciliés avec le gouvernement argentin, ayant obtenu de Rosas la seule satisfaction que nous pussions exiger de lui, indemnité pour les injures souffertes par nos nationaux, assurance formelle qu'ils seraient respectés à l'avenir; résolus désormais à ne plus commettre le nom français dans des querelles que nous ne comprenions pas, nous ne pouvions faire que Rosas ne brûlât de se venger et des insurgés argentins et de leurs alliés orientaux qui avaient, à la faveur de son différend avec une puissance d'Europe, essayé de le précipiter du faîte où l'a élevé son sauvage génie. Cette guerre contre Rosas, que nous considérions comme un incident favorable à notre cause, c'était sur les deux rives de la Plata l'événement capital auquel nos hostilités navales avaient fait simplement diversion. Une fois la convention signée, le dictateur dirigea tous ses efforts contre ses ennemis intérieurs. Ici une objection qu'on a crue sans réplique vient nous barrer le chemin : on a donc eu raison de dire que la cause première de toutes les complications survenues depuis dans la question de la Plata, c'est la convention du 29 octobre. Pour faire justice de cette objection, il suffit d'examiner l'hypothèse contraire.

Si nous n'avions pas traité en octobre 1840, que serait-il arrivé? Rosas n'aurait pas pu reprendre l'offensive, a-t-on dit. Soit; mais croit-on, comme on nous le promettait tous les jours, qu'il eût été vaincu, renversé par les efforts de Rivera et de Lavalle? Aujourd'hui nous connaissons mieux comment ces peuples-là s'entendent à prolonger leurs guerres. Au moment où la négociation a été entamée, toutes les chances étaient pour Rosas. Tranquille dans son camp de Santos-Lugares, il laissait à son lieutenant Échague le soin de battre Lavalle et de le chasser vers la province de Santa-Fé. Rivera avait promis de passer l'Uruguay et différait toujours. Ainsi il ne fallait point compter sur une action décisive dans cet étrange pays, où les factions armées sont également incapables de vaincre et d'être vaincues. Le cabinet français, un cabinet dont M. Thiers était le chef, prudemment déterminé à ne pas recourir à un débarquement dont les désastres de l'expédition anglaise en 1810 avaient montré tous les dangers, aurait donc dû se croiser les bras et attendre le succès improbable de Rivera et de Lavalle. Mais les autres puissances, l'Angleterre, les États-Unis, dont le commerce était interrompu par notre blocus, pouvaient-elles se résigner comme nous ? N'auraient-elles pas eu le droit de s'interposer pour presser la France de prendre un parti et d'en finir ? Nous étions arrivés à cet instant, qu'un homme d'État, pour être digne de ce nom, doit savoir reconnaître, où il faut faire quelque chose. Rosas, bien conseillé, accepta les termes de l'arrangement. Ce fut un bonheur pour nous que l'affaire eût pris cette tournure, et quand bien même M. Thiers voudrait aujourd'hui se soustraire à cet éloge, on ne saurait trop répéter qu'il partage avec M. de Mackau tout l'honneur de la solution.

Ce n'est donc pas la convention du 29 octobre qui a été l'origine des malheurs de Montevideo ; ce n'est pas non plus la fidélité du cabinet actuel à la politique nouvelle adoptée par le ministère du 1er mars. Tous les événements que nous allons avoir à décrire, l'invasion d'Oribe, le péril de la république Orientale, l'armement de la légion française, prennent leur source dans la première politique à laquelle nous venions heureusement de renoncer. S'imaginant follement que notre querelle était à jamais confondue avec la leur, les émigrés argentins et les chefs nouveaux de la république Orientale s'étaient avancés imprudemment au cœur de la puissance de leur adversaire. Déjà, quand il avait la France sur les bras, Rosas avait réussi à les tenir en échec. Aussitôt qu'il se vit délivré du blocus qui l'arrêtait sous les murs de Buenos-Ayres, il se hâta de rendre à ses ennemis le mal qu'ils avaient voulu lui faire, et la guerre, retournée contre eux dans des circonstances tout à fait identiques, vint leur rendre menaces pour menaces. On avait opposé un prétendant au dictateur, le général Lavalle ; il mit en avant le président déchu de la république Orientale, Oribe. On avait menacé Buenos-Ayres ; il n'eut point de repos qu'il n'eût fait assiéger Montevideo et désolé son commerce. Que pouvait faire la France? M. de Mackau avait bien pu, de son propre chef, rappeler à Rosas que Buenos-Ayres s'était solennellement engagé à respecter l'indépendance de la république Orientale ; mais le droit de la France, qu'il représentait, n'allait pas jusqu'à lui permettre d'interdire à un État également libre la faculté de faire la guerre à un voisin qui l'attaquait : c'eût été là rentrer précisément dans la politique dont on avait eu tant de raisons de vouloir sortir. Force était donc à notre gouvernement de souffrir des hostilités qui ne menaçaient pas l'indépendance qu'il avait garantie, et, fidèle au plan où il voulait désormais se renfermer, de se consacrer à la défense unique de l'intérêt national et, dans les cas extrêmes, de prendre conseil des événements.

Telle a été l'attitude de la France dans la Plata pendant près de quatre ans; ce fut aussi l'attitude de l'Angleterre et des autres États qui entretenaient des relations commerciales avec cette partie de l'Amérique du Sud. Malheureusement l'importance même et la nature toute particulière de l'intérêt français dans la république Orientale, les conséquences d'une première erreur, la rigueur nécessaire de notre nouvelle politique, firent que la position de nos agents fut beaucoup moins simple et les règles de leur conduite beaucoup plus délicates que celles de leurs collègues étrangers.

III.

Ce récit doit changer de théâtre. Jusqu'à la fin de 1840, la scène des événements de la Plata était à Buenos-Ayres ou dans les provinces de la république Argentine. Maintenant c'est autour de Montevideo qu'ils vont se concentrer. Montevideo est une ville dont la population est difficile à apprécier. Nous avons sous les yeux une brochure anglaise qui ne lui accorde que vingt-trois mille

cinq cents âmes[1], chiffre évidemment beaucoup trop bas. Il est
plus probable qu'avant ses derniers désastres Montevideo renfer-
mait une population de cinquante mille habitants environ. Tous
les documents statistiques sont d'accord sur un point : c'est que les
étrangers comptent dans ce nombre pour plus de dix-huit mille,
dont la plus grande partie sont Français. En moins de trois ans, les
immigrations du pays basque et des départements pyrénéens ont
triplé la population française de Montevideo, puisqu'il est constaté
qu'elle n'était que de cinq mille personnes en 1840. Les campagnes qui entourent Montevideo étaient également peuplées de Français avant les dévastations commises par les partis indigènes. On
comprend aisément l'influence qu'un groupe aussi serré d'Euro-
péens industrieux, éclairés, actifs, doit exercer sur la rare et in-
dolente population de la république Orientale, et personne n'a con-
testé que ce groupe, qui a transporté une image réduite de la patrie
française sur la rive gauche de la Plata, ne mérite la sollicitude particulière de notre gouvernement. Aussi est-ce pour qu'elle reçût
une protection efficace qu'après la paix faite avec Buenos-Ayres,
des forces navales respectables, commandées par M. le contre-
amiral Dupotet, restèrent devant Montevideo. Ces Français cependant ne sont pas les seuls que l'appât d'un commerce lucratif et
l'esprit d'aventure ont poussés dans cette partie de l'Amérique du
Sud. Le territoire de Buenos-Ayres a reçu également beaucoup de
nos compatriotes ; leur nombre est moins considérable, car il ne
dépasse guère le chiffre de cinq mille individus ; mais, si les États

[1] Voici comment ce chiffre serait réparti :

Orientaux.	4,000
Argentins réfugiés.	1,000
Basques espagnols.	1,500
Français, Italiens.	17,000
	25,500

Le chiffre de la population orientale est sans doute erroné. — *Buenos-Ayres
— Montevideo, and affairs in the river Plate,* in a letter to the Right hon. Earl
o Aberdeen, etc., by Alfred Mallalieu, esq. — William Blackwood, Edin-
burgh, 1844.

ont raison d'admettre en principe qu'un seul de leurs nationaux à
l'étranger, n'y en eût-il point d'autre dans le pays qu'il habite, a
droit à la protection de la mère-patrie, les Français établis dans
la république Argentine ne sont pas moins intéressants aux yeux
de la France que les Français domiciliés à Montevideo. Or,
comme les deux républiques étaient en guerre, nos agents ont dû,
dans leurs rapports avec toutes les deux, faire en sorte qu'en prenant fait et cause pour les intérêts des uns, ils ne compromissent
pas la position des autres. C'est une considération importante à
laquelle l'opposition n'a point voulu prendre garde ; on verra s'il
est inutile de la rappeler.

Nous avons montré Rosas, pressé de prendre l'offensive à son
tour. Une des premières conséquences de sa marche en avant fut
la bataille d'Arroyo-Grande, dans laquelle Rivera éprouva un échec
complet. Tant que la lutte se borna à troubler des provinces éloi-
gnées, les puissances européennes et la France, qui venait d'é-
chapper à un grand embarras, ne s'en inquiétèrent point ; mais
lorsqu'on vit Oribe traverser le Parana et se rapprocher de Montevideo ; lorsque l'escadrille argentine, commandée par l'amiral
Brown, se mit à bloquer les eaux intérieures, les difficultés de
l'affaire de la Plata se renouèrent, et les deux gouvernements alliés d'Angleterre et de France durent se préparer à détourner le
péril dont étaient menacés leurs nationaux. Nous sommes arrivés
à l'année 1842. A cette époque les agents de la France dans la
Plata étaient M. de Lurde, notre chargé d'affaires à Buenos-Ayres ;
M. Pichon, arrivé le 13 mai à Montevideo, où il avait remplacé
M. Baradère en qualité de consul général ; M. le vice-amiral Massieu de Clerval commandait l'escadre de l'Amérique du Sud, dont
la station principale est à Rio. Du côté de l'Angleterre, c'était
toujours M. Mandeville qui occupait le poste de ministre britan-
nique à Buenos-Ayres ; le commodore Purvis était à la tête de
l'escadre.

Oribe approchait ; l'amiral Brown apprêtait un débarquement ;
l'alarme était répandue dans Montevideo. Le premier acte du gouvernement local fut d'adresser une proclamation aux étrangers

pour les engager à prendre les armes. C'est la France qui l'avait
en quelque sorte autorisé à faire cette démarche par sa conduite,
dans une circonstance analogue, à l'époque de sa politique d'intervention. Une proclamation du 12 octobre 1839, signée par
MM. l'amiral Leblanc, Buchet-Martigny et Baradère, avait invité
les Français à défendre Montevideo contre *l'ennemi commun.*
M. Pichon, chargé de représenter une politique plus sage, dut informer le gouvernement oriental que, l'indépendance de la république n'étant pas menacée, seule éventualité qui pouvait justifier
l'intervention de la France, il manquerait à son devoir s'il auto-
risait une démonstration dont la tendance évidente était d'engager
nos compatriotes dans une lutte toute domestique ; que le seul rôle
de ceux-ci était de conserver une stricte neutralité ; que, s'ils cou-
raient des dangers, le pavillon national saurait bien les défendre.
Le gouvernement montévidéen répondit alors qu'il ne pouvait se
charger plus long-temps de protéger les propriétés des étrangers
dans les campagnes. Il espérait par là les contraindre à les défendre eux-mêmes et à se compromettre sans retour vis-à-vis
d'Oribe. Une protestation de notre consul fit justice de cette tactique, à laquelle le gouvernement montévidéen n'a cessé depuis
d'avoir recours.

Cependant les envoyés de France et d'Angleterre s'émurent à la
vue des périls qui menaçaient le commerce européen. Ils essayè-
rent de s'interposer entre les parties belligérantes, et offrirent leur
médiation. Est-il nécessaire de le faire remarquer? la médiation
n'est pas l'intervention. Deux puissances qui marchent à la tête
des peuples civilisés usent d'un noble droit en s'efforçant de mettre
un terme à des luttes qui font gémir l'humanité et prolongent la
barbarie de l'Amérique du Sud; elles ne manquent à leur devoir
que quand elles y prennent part, comme nous l'avions fait jusqu'en 1840. Ce n'était donc pas sortir du cercle de notre politique
nouvelle que d'offrir notre médiation. M. de Lurde écrivit dans
ce sens à M. Arana, le 30 août 1842. Notre chargé d'affaires in-
sistait sur le droit qu'avait Montevideo de choisir librement son
président et de repousser les prétentions d'Oribe. M. Arana répon-

dit le 18 octobre à cette communication : il repoussait l'offre de la médiation anglo-française, et expliquait en termes très-mesurés vis-à-vis de la France, très-violents à l'égard des ennemis de Rosas, qualifiés de *sauvages unitaires*, que son gouvernement n'avait nullement l'intention d'attenter à l'indépendance de la république Orientale; qu'il faisait la guerre à la faction de Rivera, d'un homme auquel il reprochait des forfaits aussi odieux que ceux dont les partisans de Rivera chargent Rosas. La médiation était nettement écartée. Bientôt M. Arana fit connaître à M. de Lurde le décret de l'assemblée des représentants, en date du 15 novembre, qui donnait à ce refus la sanction législative. M. de Lurde répondit aussitôt (le 26 novembre) qu'il avait appris avec un profond regret la détermination prise par le gouvernement argentin, et qu'il croyait devoir l'informer en même temps que « la protection des intérêts des Français établis sur la Plata pourrait imposer au gouvernement du roi la nécessité de recourir à d'autres mesures pour détruire les obstacles qui interrompent pour le moment la navigation pacifique de cette rivière [1]. »

Ici M. de Lurde commençait à s'engager dans une voie au bout de laquelle il n'y avait plus de recours qu'à l'emploi de la force. Or, cette offre de médiation était purement officieuse; c'était un moyen qu'il fallait tenter, mais aucun des deux gouvernements n'était en mesure de l'appuyer par les armes, aucun d'eux ne jugeait le moment venu de prendre un parti aussi grave. Cependant notre chargé d'affaires fit un pas de plus, et notifia au gouvernement argentin, le 16 décembre 1842, que les hostilités devaient cesser immédiatement et les troupes de Buenos-Ayres rétrograder sur leur territoire, pendant que celles de Montevideo, sur l'Uruguay, opéreraient un mouvement semblable de retraite. M. Mandeville avait, de son côté, adressé à M. Arana une note conçue dans le même sens. Rosas ne tint aucun compte de l'intimation des envoyés de France et d'Angleterre, et continua à s'avancer. Ce fut

---

[1] Toutes les pièces que nous citons ici ont été imprimées à la suite d'une pétition présentée à la fin de 1843 au gouvernement français par un certain nombre de Français établis à Montevideo.

un tort d'avoir poussé aussi loin la démarche; car, en revenant sur leurs pas, les médiateurs compromettaient le prestige du pouvoir de leurs nations, prestige qui était la seule force dont ils voulussent user.

M. Thiers s'est emparé de cette circonstance pour démontrer à la tribune que le cabinet français avait eu d'abord l'intention de faire un acte de vigueur, et qu'il était revenu ensuite de ce premier mouvement. M. Guizot a répondu que les représentants des deux puissances médiatrices avaient mal interprété certaines instructions de leurs gouvernements où il était rendu compte des mesures adoptées par lord Aberdeen de concert avec le cabinet français. Il est inutile de disculper le ministère actuel du reproche d'hésitation et de mollesse que M. Thiers lui a adressé à cette occasion. Pourquoi, s'il avait résolu d'abord de recourir à la voie des armes, aurait-il hésité et serait-il revenu ensuite sur ses pas? On ne peut alléguer la grande raison qu'il craignait d'embarrasser ses rapports avec l'Angleterre, puisque la notification était collective. S'il a reculé, le cabinet anglais aurait donc reculé aussi; car M. Mandeville, comme M. de Lurde, fut blâmé d'avoir outrepassé ses instructions. Évidemment, à la fin de 1842, lorsque le commerce européen n'était que momentanément lésé par la fermeture des rivières, lorsque la lutte promettait une solution prochaine, les deux puissances n'étaient pas résolues de recourir à la force. On sait, par l'expérience de notre querelle avec le Mexique, par l'importance de notre expédition de la Plata en 1840, quels armements considérables il faut faire pour amener une république américaine à la raison, et comme il faut peu de temps pour perdre tous les fruits d'un pareil déploiement de forces. A la fin de 1842, ni la France ni l'Angleterre ne songeaient à s'imposer un pareil sacrifice.

L'année 1843 s'ouvrit sous de sombres auspices. Oribe avait repassé l'Uruguay et dévastait déjà la campagne de Montevideo. La terreur se répandit dans cette ville, et, comme c'est l'usage chez les peuples en révolution, la terreur mit le pouvoir aux mains des exaltés. Le premier ministre de la république, M. Vidal, parut trop modéré pour les besoins de la crise; il fut remplacé par M. Vasquez. En même temps parut un nouveau journal, *le Patriote français,* qui eut pour mission d'entretenir l'agitation dans la population étrangère. Le 10 février, Oribe n'était plus qu'à deux lieues de Montevideo. On crut la catastrophe prochaine, et M. Pichon prit d'urgence toutes les mesures qu'il jugea indispensables pour la protection des personnes et des biens des Français. Il s'entendit avec l'escadre pour que des détachements de marins se tinssent prêts à venir les défendre; et, comme il était probable que l'entrée d'Oribe disperserait les forces du gouvernement oriental et le dissoudrait même, il nomma une commission qui fut chargée de tenir des armes prêtes pour en armer les membres valides de la population française, et fixa, de concert avec elle, les postes où, au premier signal d'alarme, ils devaient se réunir. C'était remplir avec énergie et intelligence les devoirs d'un consul investi du beau droit de protéger ses compatriotes. Mais, comme le gouvernement de Montevideo était disposé à croire que cet armement pouvait être destiné à renforcer ses propres troupes, M. Pichon eut soin de rappeler lui-même aux Français l'article 21 du Code civil, qui leur interdit tout service militaire sans autorisation du roi : « Le consul, ajoutait-il dans la note publiée à cette occasion, se trouverait donc dans l'impossibilité d'assurer la protection du pavillon français à ceux de ses compatriotes qui contre-viendraient aux dispositions de la loi. Le consul saisit cette occasion pour assurer les Français qu'il ne négligera rien pour leur assurer une protection efficace, et que M. le commandant de la station française et les officiers sous ses ordres sont dans la même résolution. »

Il est donc évident que M. Pichon, en préparant l'armement des Français dans les premiers jours de février, n'a pas entendu un seul instant qu'ils s'unissent aux troupes montévidéennes, et prissent parti dans la querelle de Rivera et d'Oribe. C'est bien à tort qu'on a invoqué, quelques mois plus tard, ce précédent contre lui.

Le caractère des hostilités de faction à faction ou de pays à pays chez les peuples de race espagnole, c'est surtout l'inhabileté profonde qu'on y déploie de part et d'autre. On dirait que le but, c'est de verser du sang, et l'on semble ne pas avoir pour objet suprême, comme chez les peuples civilisés, de terminer promptement la guerre. Oribe ne sut pas s'emparer de Montevideo; l'alarme s'apaisa. Cependant le gouvernement montévidéen, qui n'avait qu'une garnison de deux mille hommes, et qui craignait de ne pouvoir défendre long-temps la ville s'il ne parvenait pas à armer les étrangers, les y voulut contraindre par la nécessité : il brûla leurs propriétés dans la campagne, s'empara de leurs bestiaux pour l'approvisionnement intérieur, et informa enfin les consuls qu'il avait pris la résolution, le 20 mars, de chasser les bouches inutiles de la ville assiégée. Oribe n'ignorait pas ces manœuvres; il lança, le 1er avril, une proclamation dans laquelle il déclara « qu'il ne respecterait ni dans leurs biens ni dans leurs personnes les étrangers qui prendraient parti pour les *sauvages unitaires.* » Cette menace barbare détermina l'armement de la légion française.

Telle a été l'origine du dissentiment déplorable qui a séparé nos agents d'une partie de la population qu'ils étaient appelés à protéger, et dont le bruit a trouvé un éclatant écho à la tribune française. Approuver une mesure qui n'avait pas pour unique objet la défense des personnes et des propriétés françaises, mais qui ajoutait une force nouvelle au parti de Rivera, c'était se départir de la ligne politique à laquelle on s'était attaché dans l'intérêt même de nos nationaux et que l'on avait eu tant de peine à suivre. M. Pichon ne pouvait pas s'empêcher de protester contre une prise d'armes qui avait un tout autre caractère que celle qu'il avait provoquée lui-même au mois de février. Les Français dissidents n'en tinrent aucun compte et s'organisèrent sous le commandement d'un sieur Thiébaut, au nombre de 1,500 [1]. MM. Pichon et Massieu de Clerval se réunirent alors pour protester vis-à-vis du gouverne-

---

[1] M. Thiers a dit que la légion française comptait plus de 5,000 hommes, et même, dans la chaleur de l'improvisation, il est allé jusqu'à 4,000. La légion française à Montevideo n'a jamais dépassé le chiffre de 1,800 hommes.

ment de Montevideo contre l'usage des couleurs françaises. Il leur
fut répondu que le *bleu de ciel* ne faisait pas partie de nos couleurs nationales, la cocarde de la légion formant dès lors une cocarde de fantaisie. En même temps qu'il défendait à Montevideo
le principe si précieux, pour la sécurité de nos compatriotes, de
la neutralité française, M. Pichon écrivait à Oribe que les couleurs
françaises continueraient à protéger ceux qui les porteraient, et
que la règle générale serait toujours qu'elles n'étaient portées que
par des neutres. La position de notre consul vis-à-vis d'Oribe était
devenue très-délicate par suite de la formation de la légion française. Ceux qui en faisaient partie lui reprochaient de n'avoir pas
imité la conduite énergique du commodore Purvis, qui, dès le
18 avril, avait obtenu d'Oribe le retrait absolu de sa proclamation
du 1er en tant qu'elle concernait les sujets anglais. La raison de
cette différence est facile à saisir : le commodore Purvis n'avait pas
les mêmes ménagements à garder ; les résidents anglais, dont il
prenait la défense, étaient demeurés positivement neutres ; ils
étaient d'ailleurs en petit nombre ; il pouvait, en cas d'urgence,
les recueillir tous à bord de ses bâtiments. De notre côté, au contraire, nos nationaux étaient au nombre de 15,000 ; on ne pouvait
songer à transporter sur la côte du Brésil, au moyen de l'escadre,
une si nombreuse population : il fallait donc amener, par des
moyens moins brusques, Oribe à respecter sa nationalité ; et, ce
qui rendait la situation plus difficile encore, c'était cet armement
d'une minorité turbulente (car elle a toujours été une minorité)
qui compromettait les droits du reste au respect des parties belligérantes. Cependant M. Pichon n'en parvint pas moins à conclure, le 23 août, avec Oribe, la convention dont la teneur suit :
« ART. Ier. Le général en chef promet de respecter les personnes
et les propriétés des Français résidant à Montevideo et sur le territoire de la république Orientale. ART. II. Aucun Français ne sera
recherché pour ses opinions et ses actes politiques antérieurs à
l'entrée des troupes assiégeantes, ou de leurs chefs, dans la ville
de Montevideo. » Du reste, quoique nous ne voulions affaiblir en
aucune façon le mérite de l'attitude prise par le commodore Purvis

dans l'affaire de la proclamation, nous ferons remarquer que l'ensemble de sa conduite n'a pas été approuvé par son gouvernement et qu'il a été rappelé. M. Pichon, au contraire, avait si bien agi conformément aux principes de non-intervention dont le cabinet s'était fait une règle, que l'ordre lui parvint bientôt d'exiger du gouvernement montévidéen qu'il retirât à la légion française les couleurs dont la nuance avait été choisie, quoi qu'on prétendît, pour figurer notre cocarde nationale. La légion, à la suite de cette réclamation, prit le nom de *légion volontaire*. Jusque-là M. Pichon avait agi avec une vigueur et une intelligence vraiment politiques. Il nous semble seulement être allé trop loin et avoir dépassé même les bornes de la prudence, quand, appliquant à la lettre les termes de l'article 21 du Code civil que sa note avait rappelé, il a dénationalisé, pour nous servir du mot en usage, les Français sortis de la neutralité ; quand il a donné, pour ainsi dire, une sanction pénale à cet arrêt en refusant de recevoir le testament d'un Français enrôlé dans la légion. De pareilles rigueurs n'étaient pas faites pour ramener les Français égarés au sentiment de leur devoir envers la patrie ; une conduite contraire, dans le cas particulier que nous citons ici, n'aurait nullement compromis l'ensemble de notre politique.

Les événements que nous venons de raconter avaient produit une grande sensation. Chez nous, la presse s'en était emparée pour reprocher au cabinet l'abandon d'un intérêt national ; tous les jours elle s'alimentait des plaintes amères, des fables absurdes, des calomnies même parties de Montevideo. Comme on s'y devait attendre, de la presse, où elle ne faisait qu'un bruit stérile, la question s'éleva jusqu'à la tribune. Une pétition présentée au nom de toute la population française de la république Orientale était parvenue au gouvernement à la fin de 1843 ; elle contenait une accusation en forme contre M. Pichon et M. Massieu de Clerval. Une autre pétition, revêtue des mêmes signatures et rédigée dans des termes plus violents, fut adressée à la Chambre des Députés. Il s'agissait pour l'opposition de prendre en main cette cause et de la tourner contre le ministère : ce fut M. Thiers qui s'en chargea.

M. Thiers est, à notre sens, le seul membre de la gauche qui entende l'opposition parlementaire. S'il ne réalise pas complétement à nos yeux le modèle d'un chef d'opposition, c'est plus encore au caractère du parti bigarré sur lequel il doit agir, qu'à des défauts personnels, qu'il faut attribuer cette imperfection. La manière dont il a conduit l'année dernière son attaque contre le cabinet, à propos de l'affaire de la Plata, dans la discussion des crédits supplémentaires, offre un exemple de sa supériorité et de ses ressources comme chef d'opposition Il a recueilli les plaintes de tous ceux qui se croyaient lésés par la conduite des agents de la France, il a reçu les pétitionnaires, il a écouté leurs dépositions, il s'est mis en rapport avec les personnages un peu marquants des deux républiques qui se trouvaient en Europe, et muni de ces documents dont il a extrait la substance avec la clarté d'analyse qui le distingue, il est venu, le 29 mai 1844, accuser sur tous les points la politique du cabinet dans l'affaire de la Plata. C'est là le procédé suivi par les hommes politiques de l'Angleterre, qui sont toujours nos maîtres en fait de tactique parlementaire. Chez nous, l'opposition se contente trop souvent de demander ses inspirations aux journaux ; elle se laisse battre par les ministres sur la question des faits, parce qu'elle n'en a point à lui opposer. Or, à quelque point de vue que l'on se place, il n'y a de politique qui mérite ce nom que celle qui s'appuie sur des faits.

Dans la discussion sur l'affaire de la Plata, M. Thiers a donc combiné les faits avec beaucoup d'adresse, et la chaleur avec laquelle il a pris les intérêts des négociants français de Buenos-Ayres et de la légion française de Montevideo a donné à son attaque contre le cabinet un air de désintéressement, qui est l'habileté suprême chez un chef de parti. Seulement il a commis deux fautes : l'une de tactique, et qu'il pouvait éviter ; l'autre que nous n'imputons qu'à la nature même de l'opposition sur laquelle il s'appuie. Expliquons-nous : M. Thiers n'a point accepté de bonne grâce la convention du 29 octobre 1840, conclue en vertu de ses instructions ; cependant un homme d'État ne devrait jamais reculer devant ses actes, même quand ils ont eu des conséquences qu'il regrette pour le moment, parce qu'il affaiblit par là son autorité de ministre futur. M. Thiers avait positivement écrit, le 21 juillet 1840, que la France n'avait pas engagé Lavalle et Rivera dans leur lutte avec Rosas, qu'ils s'y étaient spontanément et volontairement engagés eux-mêmes; était-ce à lui à dire en 1844 que c'est la France qui a provoqué la chute d'Oribe et qui a poussé Lavalle et Rivera contre Rosas? Ce fut une faute, puisque M. Guizot n'eut pas de peine à faire ressortir cette contradiction. L'autre faute, M. Thiers l'a commise quand il a cru devoir accuser le cabinet de faiblesse, de timidité, et l'a peint effrayé de sa propre énergie, à propos de la note de M. de Lurde. Il est fâcheux que M. Thiers ait été obligé de faire cette sortie pour se concilier une opposition incohérente qui n'a de sentiment commun que le regret banal d'une gloire impossible et de conquêtes à jamais perdues. Quel motif le cabinet actuel peut-il avoir de craindre d'agir avec vigueur dans la Plata? Son *entente* sur ce point avec l'Angleterre, *notre magnanime alliée* (car le cabinet du Ier mars a aussi fourni son mot), est réellement *cordiale*. Évidemment il ne peut vouloir que la défense des intérêts français dans les deux républiques; il ne peut vouloir, comme l'Angleterre, que la cessation d'un état de choses qui nuit au développement du commerce européen dans l'Amérique du Sud. C'est pour mieux atteindre ce but qu'il s'est attaché à la politique de neutralité, si sagement substituée par M. Thiers à la politique d'intervention, et ce sont, comme on l'a vu, les obstacles qu'il a rencontrés d'un côté dans le caractère des peuples de la Plata, de l'autre dans l'insoumission d'une partie de nos compatriotes, qui ne lui ont pas permis, jusqu'au commencement de 1844, de produire tout le bien qu'il aurait voulu

Une remarque aurait pu être faite dans cette discussion, à propos des pertes énormes subies par des négociants français de Buenos-Ayres. M. Thiers a cité des fortunes subites acquises par nos industrieux compatriotes à Montevideo et dans les provinces argentines, et aussi subitement perdues par suite des malheurs de la guerre ou des persécutions de Rosas. Sans doute ce sont là de

grandes infortunes, et la France a prouvé, par les sacrifices qu'elle
s'est imposés pour être toujours présente dans la Plata, qu'elle tenait à les prévenir, à les réparer. Mais ne faut-il pas considérer
aussi que ces fortunes rapides de 600,000 francs, comme celle de
M. Gascogne; de 8 à 10 millions, comme celle de M. Fabier, ne
peuvent s'acquérir par des étrangers que dans les pays où les révolutions paralysent l'activité nationale, éloignent la concurrence
et laissent plus de chances de gain à l'esprit d'entreprise. Par une
inévitable compensation, dans une société aussi troublée, les
chances de perte sont plus fréquentes, et le cabinet le plus énergique ne peut pas toujours obtenir de ces étranges gouvernements
d'Amérique, même quand il les a liés par des traités, le redresse-
ment immédiat d'injustices constantes, la restitution complète de
fortunes aussi considérables.

A l'époque où la tribune de la chambre des députés retentissait
du bruit de l'affaire de la Plata, on s'attendait en Europe à ap-
prendre la reddition prochaine de Montevideo. La république
Orientale semblait réduite aux dernières extrémités : on n'avait
plus de nouvelles de Rivera, qu'on croyait réfugié sur le territoire
du Brésil; toutes les sorties de la garnison étaient repoussées par
Oribe. Indifférentes à la chute du gouvernement de Rivera, la
France et l'Angleterre s'apprêtaient à protéger leurs nationaux et
à défendre au besoin l'indépendance de la république Orientale.
L'événement trompa toutes les prévisions, c'est-à-dire que, selon
l'usage de ce pays singulier, il n'y eut pas d'événement. C'était
pour les derniers jours de 1843 que la catastrophe était attendue.
Au mois d'avril de l'année suivante, les choses en étaient demeu-
rées au même point, Oribe continuant à repousser les efforts de la
garnison, Montevideo s'affaiblissant en détail. La position de M. Pichon vis-à-vis du gouvernement local était devenue intolérable;
réclamant toujours sans succès auprès de M. Vasquez, ayant perdu
tout crédit auprès des Français dissidents, il avait, avec trop de
précipitation peut-être, abattu le pavillon du consulat et s'était re-
tiré à bord de la frégate *l'Atalante*. M. le contre-amiral Lainé,
récemment arrivé d'Europe, continuait seul d'entretenir des rela-

tions avec Montevideo. Il avait obtenu par sa fermeté une transfor-
mation nouvelle de l'ancienne légion française ; elle avait renoncé
à son titre de *légion volontaire*, et s'était incorporée dans la garde
nationale dont elle formait le 2ᵉ ou le 3ᵉ bataillon. Du reste, les
mesures prises par le cabinet, dans ce déplorable conflit, se res-
sentaient des scrupules qu'il éprouvait lui-même. Si, pour ramener
nos nationaux égarés à l'obéissance qu'ils devaient aux représentants du gouvernement et des lois de leur patrie, il avait cru
devoir leur retirer officiellement leur nationalité, au fond ce ne
pouvait être à ses yeux qu'une mesure comminatoire, et les Français dénationalisés n'avaient cessé d'être l'objet de sa sollicitude
patiente. Dans ce même mois d'avril, des soldats de la légion
avaient été faits prisonniers par Oribe ; M. Pichon s'était hâté de
les réclamer ; et le protégé de Rosas, instruit sans doute par les
fautes de ses adversaires, avait montré un empressement tout particulier à les remettre entre ses mains.

Mais la prolongation des hostilités allait amener une complication déplorable que nos agents devaient se hâter d'étouffer dans son
germe. Nous étions menacés d'une guerre civile d'une nature nouvelle, d'une collision entre des Français à deux mille lieues de la
patrie, sur ce territoire où la violence des troubles avait créé
entre eux une diversité radicale d'intérêts. Nous avons dit que
l'opinion, incomplètement informée, avait eu tort en France d'ac-
corder ses sympathies exclusives à la partie de la population française de Montevideo qui avait pris les armes contre Rosas. Les
Français demeurés neutres, ceux qui étaient restés dans les campagnes, ceux qui sont répandus dans la république Argentine, mur-
muraient contre l'obstination de leurs compatriotes armés pour le
soutien de la cause de Rivera. Plusieurs pétitions, expression pas-
sionnée de ces murmures, parvinrent à Paris vers le milieu de 1844.
Des Français de Montevideo, réfugiés à Buenos-Ayres, affirmaient
que la légion, où il n'y avait pas, selon eux, cinquante proprié-
taires fonciers, composée en grande partie de nouveaux arrivés
dont la fortune était à faire, ne pouvait prétendre à représenter les
intérêts du commerce français à Montevideo. D'autres immigrants,

établis dans la province de Buenos-Ayres, dans la Banda orientale, à Paysandù entre autres, réclamaient aussi vivement contre la durée de la guerre, et c'étaient ceux-là qui menaçaient de soutenir, les armes à la main, le parti d'Oribe pour rétablir la balance. M. Pichon se hâta de faire sentir à ces derniers tout ce qu'un pareil projet avait d'odieux. Une démonstration aussi insolite n'en prouvait pas moins que, dominé par des influences contraires, le parti français était divisé dans la Plata et qu'une scission allait éclater dans son sein, imitation déplorable des excès qui se commettaient sous ses yeux. Le terrain de la neutralité se resserrait chaque jour autour de nous ; il ne fallait pas attendre le moment où l'on devrait l'abandonner malgré soi ; il fallait trouver un moyen, quelque dangereux qu'il pût être, de contraindre les deux républiques à déposer les armes, puisqu'en se montrant incapables de rien terminer elles-mêmes, elles allaient soustraire successivement tous les étrangers établis sur les deux rives à la protection de leurs défenseurs naturels, et ravir à ceux-ci le fruit de cinq années d'une surveillance constante, d'une fatigue intolérable, et de sacrifices de toute espèce. Les cabinets de France et d'Angleterre songeaient donc à chercher les termes d'une solution, quand une démarche du gouvernement brésilien vint les y déterminer tout à fait.

IV.

Le vicomte d'Abrantès, chargé ostensiblement d'une mission commerciale auprès des États du Zollverein, arriva vers la fin de l'année dernière en Europe. Il s'arrêta d'abord à Londres : il eut aussitôt avec lord Aberdeen une entrevue, dans laquelle il l'entretint de l'affaire de la Plata et du désir pressant que le gouvernement brésilien avait d'en voir enfin le terme. Il informa le ministre anglais que la prolongation de la guerre entre deux républiques qui touchaient à l'empire était inquiétante pour la tranquillité de ses provinces ; que toutes les transactions commerciales en souffraient; que la fermeture des nombreux affluents de la Plata par la marine de Rosas tenait dans sa dépendance tout le pays de l'intérieur, la république du Paraguay surtout, qui, depuis le mois de novembre 1842, époque où elle s'était donné deux consuls, avait manifesté l'intention d'entrer en relations de bon voisinage avec le Brésil, de commerce avec tous les peuples; qu'enfin l'empereur son maître se verrait forcé peut-être, quoiqu'il en reconnût tous les inconvénients, d'intervenir dans la querelle intestine des deux républiques. Arrivé ensuite à Paris, le vicomte d'Abrantès fit la même communication à notre gouvernement. L'affaire de la Plata prenait une face nouvelle, dont la gravité dictait aux deux cabinets une conduite différente de celle qu'ils avaient suivie jusqu'alors. Ils ne s'étaient pas dissimulé que le jour où Oribe serait entré dans Montevideo, ils auraient eu un rôle difficile à remplir, celui de sauvegarder l'indépendance de la république Orientale, mais ils n'avaient pas voulu compromettre la chance que cet État, consommant une révolution pareille à celle de 1838 et rendant la présidence à Oribe, comme il l'avait rendue alors à Rivera, rentrât de lui-même dans une situation régulière. Notre neutralité pouvait refaire ce que notre intervention avait détruit. Maintenant l'expérience avait trop duré; non-seulement elle affectait profondément tous nos intérêts, mais elle se prolongeait aux dépens d'un empire voisin, considérable par son étendue, et de cette république mystérieuse qui est pour ainsi dire la porte d'une Amérique inconnue; tout un continent commençait à s'émouvoir. Les gouvernements de France et d'Angleterre avaient assez fait pour le respect des nationalités; ils pouvaient pousser leur médiation jusqu'au bout, car l'urgence était déclarée.

Telle est la nouvelle et dernière phase de l'affaire de la Plata. Au mois de janvier 1845, les deux cabinets de Londres et de Paris ont arrêté le principe d'une médiation armée; ils ont eu un moment la pensée d'y adjoindre le gouvernement brésilien; mais ils ont réfléchi que ce serait embarrasser les rapports d'un État limitrophe avec des républiques ombrageuses dont la bonne volonté lui sera toujours nécessaire, et le Brésil a été mis à l'écart. Le

but de la médiation est précis et clair ; il s'agit de dégager Montevideo inutilement bloqué depuis deux ans , de forcer les deux
républiques de mettre bas les armes, et, s'il est possible qu'elles
s'entendent jamais , d'ajuster leurs différends par la voie pacifique ; il s'agit enfin , mais ce second objet de la médiation ne
sera pas poursuivi avec la même rigueur, d'ouvrir au commerce
de toutes les nations les fleuves qui dégorgent leurs eaux amenées
du fond de l'Amérique, par la vaste embouchure de la Plata, et
de faire consacrer en principe la liberté de la navigation dans ces
rivières, résultat bien désirable, qui appellerait le Paraguay et le
centre de l'Amérique du Sud à une existence nouvelle. L'entreprise est belle, et digne des deux gouvernements qui sont décidés
à l'accomplir.

C'est dans cette vue que le ministère a nommé M. le baron
Deffaudis commissaire extraordinaire du roi des Français dans la
Plata. Ce titre lui donne le pas sur notre chargé d'affaires à
Buenos-Ayres, M. Durand de Mareuil, et sur M le consul général
Pichon. Par cette précaution prudente, l'on prévient ces dissiden-
ces fâcheuses entre les agents d'une même politique qui n'ont que
trop souvent paralysé l'action de notre diplomatie dans la Plata.
M. Deffaudis s'est embarqué à la fin de mars à bord de la frégate
l'Érigone, qui l'a transporté au lieu de sa destination. Il a re-
trouvé à Buenos-Ayres M. Gore Ouseley, nommé ministre de la
Grande-Bretagne à la place de M. Mandeville, pour y négocier de
concert avec M. Deffaudis. Tous les deux, lorsqu'ils ont été réunis,
se sont mis en communication avec Rosas. Ils lui ont fait connaître les intentions bien arrêtées des deux puissances : ils lui ont
déclaré qu'elles ont voulu mettre fin à la guerre, non pour décider
une question d'influence et de personnes qui n'intéresse que les
deux républiques, mais parce que la guerre nuit à leurs intérêts
légitimes, leur impose des sacrifices qu'elles ne veulent plus sup-
porter, et inquiète tous les États voisins. Leurs exigences sont
bien modérées ; elles demandent que Rosas rappelle ses troupes
et laisse Oribe à lui-même. Si le libre suffrage de ses concitoyens
élève alors celui-ci à la présidence, la France et l'Angleterre ver-

ront en lui le chef légitime de la république Orientale. Mais il faut d'abord que cette république soit libre en fait comme elle est indépendante de droit.

Malheureusement MM. Gore Ouseley et Deffaudis ont eu bientôt épuisé tous les moyens de conciliation; Rosas a résisté à toutes leurs propositions avec son inflexibilité ordinaire, et les deux escadres ont formé le blocus de Buenos-Ayres. Ici s'arrête nécessairement notre récit des péripéties diverses de l'affaire de la Plata. Celle-ci n'en est pas la moins remarquable. Ainsi, va-t-on s'écrier, après avoir blâmé avec tant de persévérance la politique d'intervention, voilà le cabinet actuel qui intervient à son tour. Ce traité du 29 octobre 1840, qu'il félicitait ses prédécesseurs d'avoir su conclure, il n'aura donc produit que quatre années de désordre, de tiraillements et de luttes; et la France, revenant à son point de départ, reprend un blocus commencé en 1837, interrompu seulement de 1840 à 1845, et qui peut être interminable.

Nous avons ramassé sur un seul point les reproches qui, de la tribune bientôt rouverte, ne manqueront pas de tomber sur le ministère au sujet des événements nouveaux de la Plata. Les réfuter dès à présent nous est facile, et ce sera notre conclusion.

L'affaire de la Plata a traversé jusqu'à ce jour trois périodes bien distinctes. Dans la première, nous poursuivions seuls une querelle personnelle contre le gouvernement de Rosas; nous bloquions Buenos-Ayres. Voyant que le blocus ne produisait pas un effet assez rapide, nous voulûmes nous aider des rivalités locales. C'était une déplorable politique, répétons-le, qui venait des agents du gouvernement, dont celui-ci comprenait le danger, mais à laquelle il n'osait renoncer tant elle avait coûté. Cette politique est jugée; personne, pas même M. Thiers s'il revenait au pouvoir, ne sera tenté de la recommencer. Pour poursuivre cette politique logiquement dans toutes ses conséquences, il aurait fallu peu à peu prendre des positions dans la république Argentine, joindre nos troupes à celles de Lavalle

et de Rivera, puis nous débarrasser de ces inhabiles auxiliaires,
et faire la guerre pour notre propre compte ; c'est-à-dire aller
chercher une seconde Algérie à deux mille lieues d'ici, moins les
bénéfices de la conquête. Voilà ce qu'était l'intervention française ;
nous l'avons suffisamment caractérisée dans le cours de ce travail.

La convention du 29 octobre 1840 a rectifié notre politique dans
la Plata, et a ouvert la seconde période.

Celle-ci a été la plus troublée et la plus difficile ; c'est une phase
d'observation et d'attente. Ici la France et l'Angleterre ont réuni
leur intérêt commun ; c'est l'Europe assistant au spectacle d'une
querelle de barbares, enfants dénaturés de sa civilisation. Toutes
les deux en gémissent ; elles y voudraient mettre un terme ; mais
notre expérience leur a prouvé que l'intervention empire les maux
qu'elle est destinée à détruire. Elles se bornent à préserver leurs
nationaux des malheurs de la guerre civile, et, de son côté, la
France se voit réduite à les protéger contre eux-mêmes.

Dans la troisième période, enfin, qui est celle où nous entrons,
la durée même de la guerre a créé un intérêt général qui n'existait
pas. L'Europe a pu se tenir à l'écart d'une lutte toute domestique
dans l'espérance qu'elle aurait une fin ; mais comme cette fin n'ar-
rive pas, l'Angleterre et la France se voient forcées de hâter elles-
mêmes les résultats qu'un événement décisif aurait dû produire, à
savoir : la réouverture des débouchés commerciaux de l'Amérique
intérieure. Gardiennes de l'indépendance des États faibles, elles
n'ont plus seulement à dégager la république Orientale trop long-
temps menacée, elles ont à rouvrir le chemin de la mer, c'est-à-
dire le chemin du monde au Paraguay, que le blocus de la Plata
emprisonne. Elles ne se mêlent pas à une querelle intérieure où
elles n'auraient que faire ; elles entreprennent de rétablir l'équi-
libre rompu de l'Amérique du Sud. Une pareille médiation, qu'il
faut bien appuyer par la force, ne ressemble en aucune manière
à l'intervention de la première période.

Le blocus de Buenos-Ayres a été déclaré. Quelles seront les
suites de cette importante mesure? Nous ne prendrons pas sur
nous de les prédire. Certes, quand l'Angleterre et la France ont

résolu de réduire un gouvernement tel que celui de Rosas à capitulation, elles ne sauraient ne point y réussir. Mais rien ne prouve encore que ce sera là le dernier mot de l'interminable affaire de la Plata. Chez des peuples frappés pour ainsi dire de la maladie chronique du désordre, les faits n'ont point cet enchaînement régulier qui permet aux grands esprits de les conduire. Tout y recommence, tout y dure, rien ne s'y termine. Les événements comme les hommes y sont insaisissables. Est-ce une raison pour se décourager? L'affaire de la Plata peut être une question de parti pour l'opposition; elle ne l'a jamais été pour le cabinet actuel. C'est une affaire très-difficile, très-sérieuse, qui intéresse maintenant le commerce du monde et l'humanité. Un gouvernement qui a l'ambition d'être utile ne s'irrite point contre les obstacles qui sont dans la nature même des choses. Ceux qui retardent encore la solution de l'affaire de la Plata ne résisteront point à une politique fondée sur le respect de tous les droits, chargée d'un intérêt national et d'un intérêt de civilisation, et soutenue par le concours sincère des deux premières puissances du monde. Si les grands peuples viennent à bout de toutes leurs entreprises, c'est qu'ils n'ont pas seulement la force, ils ont la patience.